AF365243

Con patas de plomo

Con patas de plomo

Eduardo Gallo

ÍNDICE

PRÓLOGO

Uno puede viajar por todo el mundo y no ver nada.
Para llegar a comprender es necesario no ver demasiadas cosas,
sino mirar intensamente lo que uno ve.

GIORGIO MORANDI

El nacimiento de este libro ha surgido de pura casualidad ya que nunca pensé en recopilar todos los versos que he ido escribiendo en hojas sueltas a lo largo de los años. Cada vez tenían menos valor y han permanecido mucho tiempo olvidadas en cajones de mi habitación. Siempre tuve la sensación de que esos versos estaban a medias, percibía que ningún poema estaba terminado y fui dejando pasar el tiempo, hasta hace bien poco en que me di cuenta de que estas palabras eran exactamente lo que me pasaba; una macedonia de contradicciones, de vanidad, miedo y verdad.

Dice Carmen Machi que ella pronuncia la palabra «palabra» y se emociona; yo no sé si tanto, pero al releer mis versos me invade una oleada de gratitud hacia mi vanidad y al amor que siento por mis poemas por sacar mis palabras a la luz.

Un artista tiene la desgracia de no poder parar y tiene la suerte de estar obligado a vivir; ser artista es crear todos los días de tu vida de la manera y de la forma que tú elijas, aunque siempre he pensado que son contables los espacios donde el arte puede desarrollarse. No todo es arte, un amanecer no es arte, ¿es bello?, sí. ¿Es arte?, pues para mí no, en el arte la belleza importa bastante poco en comparación con la estética que sí pienso que tiene que estar presente en cualquier obra de arte.

El arte de crear te hace diferente por el simple hecho de crear, no diferente de los demás sino diferente de ti, de tu naturaleza rutinaria, de tu cabeza, de tus pensamientos tanto utópicos como desagradables, te hace salir de ti entrando en otro tú y eso te hace especial, por lo menos por un rato.

Lo que un día empezó siendo un juego de palabras sueltas, un gustazo escribir sin juicios sin ideologías, sin pensar, sin objetivos, sin estrategias, sin cabeza y, sobre todo, teniendo claro que nunca serían públicas, o por lo menos al principio, hoy, ha resultado en el poemario *Con patas de plomo* que os presento con mucho orgullo.

ANTI

Anti de los Starbucks,
de las parejas babosas.
De las que no tragan las medias verdades,
ni las mentiras piadosas.

De las terrazas con sombra, de los «hijoputa» de broma,
de toques de mierda, del «queda hueco atrás»,
del «lleva tú el paraguas», de los «has cambiado».
De los que dicen sin esperar «tira el dado, pesado».

De los picores de barbas depiladas a la mitad,
de los «la última y a casa».
Del «mañana es tu santo».
De los «ya no me importa».
(Mucho más de los que ya no le importas).

«Del teatro no se vive», pero tú aquí sigues,
viviendo borrosas obras.
De los «tú sabrás»,
ni te cuento de los «tú sobras».

De los que dicen que esta no rima,
de los que les da la mierda grima,
de los cotillas,
de los que dicen que una mujer nació de una costilla de Adán.

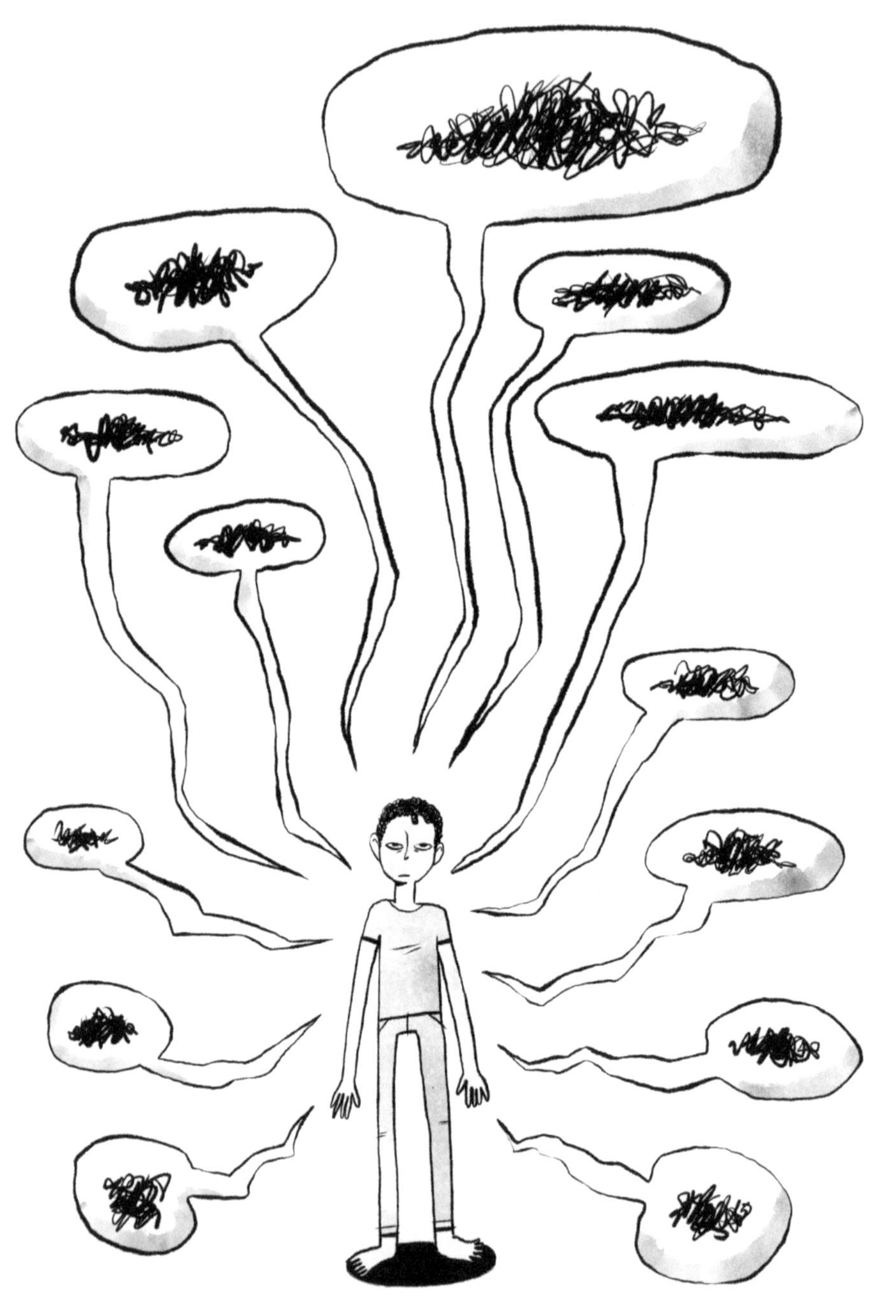

Anti de las peleas por mirar,
de los malos alientos,
de los bares cerrados,
de los «no queda leche»,
de los de «mañana no salgo»,

De los «estoy *rayao*»,
de los «sal de casa, *pringao*»,
de los «mañana te lo cuento»,
de los «tranquilo, no hay prisa»,
de los «do lamento».

De los anti antis,
de los mocasines a diario,
del frío de huesos,
de los «no me gusta el Larios».

Anti de los novios guapos sin planes,
de los peligros cuando hay mucho dinero,
sin dinero ni quehaceres los viernes,
de las cuestas de (Madrid) enero.

¿CON QUÉ, CÓMO?

A Fernando Soto

De Rodrigo García a Soto, que no es lo mismo.

Hay que pasarse ¿con qué, cómo?
Que comes poco, cena dos veces,
que no sabes escribir, cómprate un conejo,
no tienes voz de Molina, canta a lo Sabina.

Hay que pasarse del no saber ser, a estar,
del silencio, al inventar,
del no hablar, al actuar,
del nadie, a donnadie.

De mentir a presidir hay tres palabras, dos puntos.
Hay
Que
Pasarse.
¿Con qué, cómo?
Invéntate una vida, un buen nombre,
etéreo o *gaisa*, con *drugs* o con *dogs*,
pásate de cerdo, de poeta, de pelota,
de amargado, que te pregunten, que se preocupen,
pásate bailando, de la raya, el juego, la botella,
de pesado, de asqueado, de feliz, de mentir, claro que sí.

De Rodrigo García a Soto, que no es lo mismo.

Hay una misma regla, dos puntos.
«No tengo nada que decir, pero si me paso, me hacen caso.
Y encima rima».

VIDA

Me gano la vida,
me gano… la vida,
me ganó la vida,
me ganó… la vida.

La vida me gano,
la vida… me gano,
la vida me ganó,
la vida… me ganó.

LAS PUPILAS DE PAQUIRRÍN

Las espléndidas pupilas de Paquirrín,
las no borracheras de Ernesto Sevilla,
miura de cartón para Tomás,
majísima drogadicta la Padilla.

Eterna basura la telebasura,
el rosa por el rosa en los programas rosas,
el tanga naranja gazpacho de la Esteban,
los Matamoros de ahora.

Puta de bastos,
camellos sin espada,
puteros de oro.
Qué diría el as de todos los humanos desde su Granada.

A mí dame orquestas de gatos,
alergias del buen-vivir,
exageramiento alto de emociones.
Conozco un felino que daría palizas a matones por verme
feliz.

APUESTO

Doble de treses, voy a chica, me arrepiento.
JC al aire, paso a grandes.
Afirmo, exagero, miento.
Amanece en la cocina. ¿Cuántas virtudes
poseen los buenos jugadores, solitarios
de cinquillos que buscan pareja a diario?

Te guiño, saco lengua, me equivoco,
meto prisa, me rasco, me como el coco,
suma dos, siete y media, sigo la bola.
Voy con todo, chuchi cola.

Tres corazones negros, dos caballos sin pupilas,
demasiados oros, sotas sin axilas,
cinco de bastos, reyes sin narices.
Apuesto que no veo, la vi varices.

O QUE ARDE

O que arde en el cine equis, en invierno,
no es por la mesa color rojo puta,
sino por los besos asquerosos del vecino,
los que deseo yo, no en la nuca.

Besos de sonrisa, besos de cine, de mariposa,
vamos corriendo al baño a lavarnos,
a contarnos un millón de mentiras,
a hacernos poco bien, otra vez a hacernos daño.

Y que nadie nos vea, que nadie se entere,
pero si los viejos se enteran,
y si algún día nos encierran,
pedimos que nos encierren juntos, para pedir empanada
gallega.

Hay noches que sueño las noches de mi diario,
unas son riendo,
otras son follando,
y otras son riendo y follando.

ATARDECERES

De Ibiza a Miramar,
de Granada a las 7 Tetas,
del Duero al Arenal,
hay cinco tíos, un coche, media maleta.

El brillo brilla por su ausencia
cuando nos miramos las colas en las duchas.
Qué vergüenza,
ni grande ni pequeña,
¡DIMINUTA!

ME ENAMORO TODOS LOS DÍAS

Me enamoro todos los días,
sin excepción, por las calles,
busco protagonista para unas risas,
no descendientes de animales.

Busco en el trastero, en el metro, debajo de la silla,
en el pelo, en el Rastro, en la oreja,
en algún que otro beso, en alguna cosquilla,
en las colas del súper, en las enamoradas parejas.

Busco encuentros en bares rupestres, asturianos elegantes,
no digo lo que veo por mí, lo juro.
En este bar solo digo que hay una lámpara con lamparones,
de calidad óptima sin ser un cuarto oscuro.

Haciéndome el tonto con el tonto,
por las cerezas que me como a la semana,
sumado por las novias del novio, que no le da el aire sino el
viento,
multiplicado por las seis madrugadas que viví en Granada.

ATROPELLADO

23

Atropellado por la vanidad,
quise divorciarme de los lugares que quiero,
ponerle un uno al cero,
huir del secano de mi ciudad.

Yo que no poseo un mármol proyecto,
que huyo del urgente,
sin un gran pasado, sí un pretérito imperfecto,
viviendo el futuro en el presente.

ME RÍO

Se me saltan las risas de los ojos,
cuando me sabe la boca a coño,
cuando salgo de la plaza a hombros,
cuando me recuerdan la noche anterior a la gorda y al
gordo.

Se me saltan las risas de los ojos,
cuando me escupen en la boca,
cuando no me dejan entrar por un minuto,
cuando se pasa Fresita con la *beer* de Oca.

Qué risa más falsa me ha salido,
pues imagínate, tú y yo, mí y me, y yo solo contigo.
La palabra prohibida, suicidio, nunca he pensado,
la muerte es para otros (o hazte diputado).

Qué risa más falsa te ha salido.
(Silencio).
Oye, ¿tú estás bien conmigo?
No lo sé, no lo he pensado.
(Silencio).
¿Tú matarías algún diputado?
A mí no me hace gracia, no sé por qué te da risa.
Estamos en la vida, cariño, para amar, para jugar, para reírnos…
Déjame que estoy leyendo y no sé qué me estás diciendo.

(Dedícate al teatro que para eso viniste,
para hacer el ****** en el escenario
con lo poquito que naciste).
(Silencio).
¿Cariño, soy pesado?
Vete donde te tengas que ir.
(Silencio).
¿En tu casa o en la mía? (Se ríe).
¿Y en el descampado?

BUSCO ENEMIGO

Busco enemigo con el que me sienta culpable,
que sea guapo, alto, que mande,
que cante flamenco, coplas con arte,
que me enseñe a sumar, psicología y sus diamantes.

Abstenerse los mediocres mentirosos,
los sinceros, los vulnerables,
a un lado los débiles tramposos,
fuera, por favor, los profundamente amables.

Obligatorio, dos puntos,
un nueve en miserable,
un ocho en rupturas,
un diez en cobarde.

Bocachancla de oficio, filósofo y pedante,
que pierda los días pares la cabeza,
que empañe a las niñas las pestañas,
que sea ultraincondicional de la tristeza.

BÉCQUER

Amor por la poesía rica y pobre,
las consonantes y vocales indefinidas,
cuando nada cuente el cuento,
nada se puede hacer con la rima.

Qué, cómo, cuándo, dónde está el oro
que busco en la capital de la mina,
morirán pronto todos los Bécquer,
pero siempre habrá poesía.

NO ES LA SENDA NI ES EL TIEMPO

28

Ha llegado el momento y
no me hecho viejo, no tengo arrugas,
no tengo ganas de morir,
paseo por las calles y no todo tiene igual color.
Me habéis mentido, esto es el amor.

Ya me he despertado alguna noche con confusión,
y no es melancolía,
ni me estoy volviendo loco,
ni es el alcohol.
Me habéis mentido (otra vez), esto es el amor.

VANIDAD

El peligro de la vanidad es cuando sale.
El peligro de la vanidad es cuando sale de la jaula.
El peligro de la vanidad es cuando sale de nosotros.

Cuando gana.
Cuando choca.
Cuando ocupa.
Cuando gusta.
Cuando se alimenta.
Cuando cambia.

El peligro de la vanidad es cuando se convierte.
Cuando se excede.
Cuando se decide.
Cuando atrae.

Cuando explota.
Cuando habla.
Cuando hace daño.
Cuando es admirado.

El peligro de la vanidad es cuando muere.
El peligro de la vanidad es cuando importa.
El peligro de la vanidad es cuando actúa.
El peligro de la vanidad es cuando peligra.

El peligro es la vanidad.

RINTINTÍN

Apología del amor romántico de un ganadero,
sin derecho, sin defensa ni queso.
Discurso donde me suda la presión de la olla,
y dice dos puntos, arráncame la boca de un beso.

(Años después).

Ahora ves chinos-panaderías sin verdad en la masa,
diecisiete años en Cocón, dieciséis en Tintín.
Yo lo siento, yo me voy a casa,
a escuchar al monarca Rintintín.

Ahora ves el cocido del vegano, el pañuelo del marrano,
en casa del herrero un cuchillo de palo,
en Instagram a tu padre anciano,
en todas las calles de tu ciudad pintado un pedazo de falo.

Señoritos pidiendo una burger verde,
de segundo salchicha, en el ano
con respeto se la metió el elefante a la hormiga,
también con mucha fe, saliva y un toque de orina.

(Resumiendo).

En Chiclana de la Frontera atardece en obras,

creo que poco pedimos a Dios
sabiendo que vive en Cádiz sin normas,
y ya sabiéndolo a santa Almudena, a san Lorenzo,
yo les digo adiós.

GALICIA

De Galicia,
campamentos, el pan, Pontevedra, las Ons, mejillones,
almejas,
Places, Horta, Aldara, el acento y tus piernas.
Stanich calidad le da al país de las vacas en el verde,
a las lluviosas montañas que embobado te atienden.

Polo y pan baila o can,
una de Noia,
dos de pulpo,
tres sílabas,
al cuarto conjunto.

Deseando siempre volver
al lugar de las curvas,
al lugar del peregrino,
al lugar de Carmucha, de las piedras,
el faro, la ría, el Miño.

A Malpica, Mondoñedo, Cambados, La Toja,
quiero volver a Las Catedrales,
que nunca me acordé si las soñé despierto
o en postales.

HUMA

34

Primogénito sin pluma,
salió un sapo bastante rana.
Querían un funcionario, no una Huma.
Hizo obedientemente lo que le dio la gana.

AL DESNUDO

35

A Ángel Ruiz

Miguel de Molina subido a un Ángel,
riendo, bailando, llorando y amando a la vida.
Sombrero de plata, caviar sin mantel,
corazón de vértigo abanicando su vida.

Bramando a Madrid su nube embarrada,
echaron al artista de los artistas. Maldito el día.
Con humildad encarada, sentido dolor cantaba.
Desparpajo con arte, trabajo y talento en las tablas del
Sofía.

Gracias Ángel por compartir(lo).

TU AMOR
NO
ARDE
SOLO
ESCUPE
FUEGO

CONMIGO

A mis hermanos Gabs, Javier, Cristxu, Cigala;
a mis abuelos Torres, Machi, Camarón, Sabina;
a mis amigos Lei, el Migue, Nicola;
a mi maestro Codina.

A mis vecinos Iniesta y Vigo;
a mis futuros vecinos Leo y Stanich;
a mis follamigos Harari y Fito;
a mi madre la Madri.

A mi prima Amaral;
a mi primo Jovenarros;
a mi padre Nadal;
a mi familia los Pablos.

Van conmigo cuando necesito.
Van conmigo cuando me apetece.
Van conmigo sin estar presentes.
Van conmigo hoy, en mi presente.

LALO

La descripción es prosa, la expresión poesía.
Hablar es prosa, cantar es poesía.
Los besos, prosa; el sexo, poesía.
Marea, prosa; Extremo, poesía.
Cernuda es prosa; Lorca, poesía.
El sol es prosa; la lluvia, poesía.
Joaquín es prosa; Sabina, poesía.
Sevilla es prosa, Granada es poesía.
Los amigos son prosa; las amigas, poesía.
Los adultos son prosa; los niños, poesía.
El Canijo es prosa; el Cigala, poesía.
Mara es prosa; Flores, poesía.
Tu mar es prosa; mi río, poesía.
El póker es prosa; el mus, poesía.
Santi es prosa; Tanita, poesía.
Quijote, eres prosa; tú, Sancho, poesía.
Lucía, eres prosa; Verónica, poesía.
Ponce, eres prosa; Belmonte, poesía.
Mi abuela, poesía; mi Lalo, poeta.

PODRIDOS

¿Qué pasó con los meses de cuarentena con ladillas?
¿Qué pasó cuando gritábamos «antes
muerto de pie que vivo de rodillas»?

Ahora nos pudrimos, cada día un poco más,
no vemos el fin, ni recordamos a los quedaron atrás,
solo nos importa la primera persona del plural.
Incluso si apuramos, la del singular.

CINCO SILLITAS

Cinco sillitas tiene mi patio,
por cada continente pintadas aleatoriamente.

La primera es un rosa-rojo dedicada a la mujer que me
brindó su cubata en el ojo.
La segunda es marrón, en esta no se merece sentarse nin-
gún Borbón, solamente dejaría a mi Cabañón que se me-
rece escribirle un Quijote o un oro de soneto. A las tres he
quedado con él en su chopera de momento.
La tercera es verde, y pienso qué hacer en estos momentos,
si seguir escribiendo o irme a tomar vientos.
Vamos a seguir con la cuarta que es la que más me gusta, es
de color malva, me la puedo llevar hasta la ducha. (Me río).
Me siento Kase.O en concierto o Bertín Osborne con su
caballo por el Bierzo.
En la última me doy cuenta de todo lo que se puede contar
con una silla sea blanca, rosa o amarilla.
Es flipante.
Esta es azul.

NOVENTA Y DOS (por no decir tres)

Praga, Burgos, Londres, Berlín, Vaticano, Ávila, Fez, Potes,
Venecia, Guadalajara, Cuenca, Jaca, San Agustín de Guadalix,
Urueña, Coca, Santa Pola, Bilbao, San Sebastián, Madrid,
Zamora, Marsella, Ámsterdam, Llanes, Segovia, Roma,
Ciudad Rodrigo, Salamanca, Bolonia, Ibiza, Aranda de Duero,
Arriondas, Toro, Zaragoza, Peñafiel, Chaouen, Valladolid.

Villarrobledo, Pollos, Segovia, Aveiro, Miramar, Alaejos,
Verona, Oporto, Burriana, Parquesol, Sahara, Castronuño,
Santander, Matapozuelos, La Seca, Bernuy, Granada, La
Flecha, Tamariz, Sevilla, Pozaldez, Cantalejo, Calderón, León,
Pontevedra, Barcelona, Vista Alegre, Íscar, Sieteiglesias, El
Molar, Cíes, Medina, El Vellón, Benidorm, Bóveda.

Torrevieja, Noia, Nava del Rey, Mérida, Colmenar Viejo,
Pamplona, Serrada, San Vicente de la Barquera, Velliza, Palencia.

Suances, Malta, Revenga, Comillas, Pisa, Fresno, Bayona,
Tordesillas, Marrakech, Villaverde, Florencia.

Noventa y dos lugares donde he sido feliz.
O no.

EL MIRADOR

A López

Llega la navidad con sus pálidos reencuentros, que toca
volver a ver a mis amigos ricos sin dinero,
llorando los cambios con lágrimas, que no desembocan
por vernos siempre el veinticuatro de diciembre y no los
treinta de febrero.

Como antaño, con grisácea castellana, insípidos conos,
cadáver vinacho,
cánticos, inquietas peleas, lunares de cardenales, llantos.
Mirando al Mirador desde el banco de abajo,
nos contamos historias repetidas, de hace ya años.

Como viejos pirómanos de pueblo, nos encanta ese negro
pasado,
imborrable, irónicamente cada día con más valor,
con más ganas, con más sangre,
con más amor.

Con más cánticos del Atleti, extrañamente de la nación,
sin juicios estúpidos, ni baratas ideologías,
sudando de todos los que no somos nosotros.
En mi cabeza todavía retumba «¡Mucha mucha policía!».

QUÉ SERÍA

Qué sería de Merry sin su Pippin, los poemas sin su sexo,
el cigarro sin Sabina,
los estornudos (en tiempos de covid) en el metro,
el café sin cafeína.

Qué sería de Fito sin tejado,
A Coruña sin nublado,
el cocido sin su caldo,
el rey sin abogado.

Qué sería Sócrates sin ética,
el cine sin parejas,
los viudos sin petanca,
las viudas sin viruela.

Qué sería sin los curas que se relamen cuando dicen «besaos»,
del amor sin celos,
las tragaperras sin mil euros.
¿Qué piensa el vagabundo de la esquina hacer con todo ese
dinero?

TIERRA

Rezando al cordero de los mesones,
a sus paredes mal pintadas,
cubiertos de plata, bronce sus jarrones.

Cómo evitarlo si formo parte,
comparto tierra, malas historias,
el vino, el habla, las ferias,
los Celtas, el amor al arte.

A mi padre.
A mi madre.
Gracias por compartir, ser, estar.

Por la paciencia inmensurable.
El aceptar.

EL AMOR DE LOS ENAMORADOS

La paga de los malpagados,
la maruja de las marujitas,
la bienvenida de los bienvenidos,
la mayoría de los mayoristas.

La cultura de los culturistas,
las aficiones de los aficionados,
el sol de los solistas,
la casa de los casados.

La Roma de los rumanos,
la clase de los clasistas,
el arte de los artesanos,
la costumbre de los costumbristas.

La jornada de los jornaleros,
la raya de los rayados,
los panfletos de los panfleteros (de Santiago),
el alma de los desalmados.

El trato de los maltratados,
la espalda de los espalderos,
la cometa de los cometidos.
Las armas de los desarmados,
la costa de los costaleros,
las esposas de los esposados.

DEFINITIVAMENTE, BERLÍN

47

Me siento un loco, me lo creo,
la verdad es una o ninguna,
me lo invento, lo aparento,
me fijo en el reflejo del cristal, sin cristal, con cristal.

Y definitivamente me veo,
definitivamente no lo creo,
definitivamente no lo veo,
Definitivamente tú no estás loco.

Estás simplemente eligiendo para tu habitación colores
subido a un trampolín.
Poniéndote oscuras canciones
que escuchaste en un lugar perdido de Berlín.

DOS SEMANAS

48

Los lunes del emérito,
los martes del geriátrico,
los miércoles del Espíritu Santo,
los jueves del presidiario,
los viernes del Vaticano,
los sábados de lío con don Juan Carlos,
los domingos del vagabundo.

Los lunes del jubilado,
los martes del yonki,
los miércoles del fugado,
los jueves del parado,
los viernes del sevillano,
los sábados del comatoso, el domingo lo ve borroso.

ROSALÍA

Mucho cuidado con tomar decisiones,
comer palomitas antes de pagarlas,
mucho cuidado si no vas a cumplir con alguien que se
merece,
o si vas a fallar hasta el de detrás de la barra.

Mucho cuidado con dar sin querer al anuncio de estar vivo,
a coger a la primera la llave del manojo,
a no reírle las gracias al más bobo,
a sentirte bien cuando nada tiene sentido.

Mucho cuidado con no escuchar a Rosalía.

¿De Castro?

De Castro tu padre, sin ti qué a gusto estaría.
¡Rosalía la de siempre, la de Almería!
¡Ponte a estudiar *Malamente* y deja de decir tonterías!

PALOMA NEGRA

A Yaiza

Te equivocaste, Juana, te confundiste
por querer hacer las cosas mejor, más dolor,
querías ser madre, ir al sur,
cruzar el charco, tu charco, por amor.

Un amante cada vez, ser artista es creer,
sigue el piano en el mismo sitio.

¿Por qué volviste esta vez?

Creíste que tu falda era tu blusa, que tu corazón su casa,
deja de jugar con las personas,
deja de amar la desgracia.

Paloma negra de los desiertos,
paloma negra de la palabra,
paloma negra de los excesos,
paloma negra eres, Juana.

GATO PARDO

El arte en Madrid no se paga,
la habitación sí.
Acumular experiencias no nos protege,
c'est la vie.

De palos es la frontera de Navacerrada,
se fue todo el respeto a la tercera edad,
la vida es dura dice un gañán,
la vida es sueño dice el truhan.

Quiénes se han de llamar gatos pardos,
a los madrileños o a los italianos
a Lancaster o a San Isidro.

A Delon o a Quevedo.
Marcho al Duero, pensando en sencillo,
soñando en la orilla, su isla, su vino.

Aspiro a un amor de verano trescientos sesenta días al año.

TORERO

Yo que quería ser torero valiente, un estupendo mujeriego,
el mejor de los mejores pintores,
actor de cine moderno, bailar a Camarón, ser el Juli, el
Yeyo,
con la voz del Migue y el arte de Romero.

Abro mis palabras al papel sin dueño,
procurando que no me vea la mentira.
Madrid, Pollos, Londres, vivo mi sueño
y me digo cada domingo: «ensancha, sssh, respira».

Con azada, muevo tierra abriendo camino.
¿Qué necesito que yo me diga?
Quemé puertas, multitud de ventanales.

Si me llevas de la mano por la calle nunca diré que no.
Enamorado ciegamente de mis amigas.
En esta familia bien se sabe, somos animales.

CUERVO NEGRO

53

Primer día de agosto,
enfrente un niño,
Madrid delante.

Afinidad en complicidades,
el Manzanares nos mira,
vermut, tabaco que no falte.

Un gallo blanco,
un cuervo negro,
no pueden llevarse mal, cojones.

Pelos con lengua,
como zapatos sin cordones,
no lloramos por amor, somos maricones.

No mencionamos los falsos billetes,
luchamos contra los buenos doctores,
más contra los líquidos.

Una infancia casi soñada,
más cero aviones de papel,
igual a resultados insípidos.

¿Se fuma cuando se piensa o se piensa cuando se fuma?

DANITO

Posdatando asco a los malos borrachos,
a los del tequila y a los del gazpacho.

Tememos lo que tenemos,
queremos lo que perdemos.

EL SUEÑO DE MORFEO

Difícil no posicionarte entre tanto inepto,
entre tantas lupas de opinión,
de la política del miedo,
del que vende pienso en palabras, del fascista ladrón.

Qué puedo decir para no hablar,
para gritar que no quiero gritar,
para andar sin tener que mirar atrás,
para que te dejen en paz por no querer decidir ni brindar.

Por la derecha cobarde,
la simplona izquierda,
el centro de la bandera de Sade,
yo hoy os dedico una buena mierda.

Una divina adivinanza,
una rastrera mala mentira,
una esperanza esperanzada,
con lágrimas negras os lo cantaría.

Y dice así, dos puntos.

¡Que vivo y viva la contradicción!
¡Vivo y viva el pueblo, no el famoseo!
¡Vivo y viva el cambio de opinión!
¡Vivo y viva el Sueño de Morfeo!

C/POLLOS

Carretera Castronuño, avenida Banejo, calle Cantarranas,
calle la familia de la Josa, Cotorrillo, verde de la Bazanca,
el Villar, una Loba, calle Pastores, Camino Trampa,
el Óscar, La Pólvora, Enriqueta, el olor y la entrada.

Plaza Mayor sin farola gran pecado,
como sin madre en maragato,
como desfile sin zapatos,
como Desmadre sin su gato.

Sí con peñas, bodegas, jubilados,
un matadero, un artesano
una panera, una Solana,
una subida y una bajada.

Un solo catorce de agosto al año,
una vida, un solo mayo,
elige el más grande, el más alto,
donde a partir del tuyo nunca es más bonito cada año.

ABRAZOS DE OCASIÓN

58

Contigo siempre son desayunos de vacaciones,
estando muy de acuerdo en casi nada,
nos gusta periódicamente una tocada de cojones,
jugando a que morimos resucitados por un hada.

Con todo lo bueno que tiene esta nueva película,
preferimos los clásicos abrazos de ocasión,
atraídos conscientemente por la épica,
el amor está loco, no tiene solución.

Buscamos ternura en los ojos del otro,
estas palabras se me quedan pequeñas en el papel.
Al gato de los ojos negros pido
cuídame, yéndote con él.

MAGIC GARDEN

Merinos, Grisú, Amanecer, Vasis, Doña,
El Gallego, Avalon, Masai, L´Alpe, Tejavana,
La Cerve, Angelo, Pila, Brasería, La Peña,
Tharilo, Asklepios, Cantarranas, Castellana.

Roal, La Loba, El Grillo, Trueno, Paturro,
Harol, Toreros, Doña, Límite, Masai,
La Cueva del Jazz, El Bar del Perro,
El Callejón, Capri, Ocho y Medio, Deli.

Marengu, El Flip, Copa, Teddy,
La Pequeña Granada, La Playa, El Óscar,
La Pera, La Noche, Penélope, Kuikas, Chinaski.

La Libre, El Escudo, La Imprenta, El Capri,
Vista Alegre, Argumosa, Déjate besar (en)
el Magic, Pozas, Barbieri.

En el Magic Garden…

MANIFIESTO

Qué importa hacer el mal, que hacerlo bien,
qué importa que llueva, qué importan el sol o la luna,
qué importa ser pureta o ser basura.

Qué importa el temblor de siempre
si es el de siempre.
Qué importa no hacerlo,
qué importa hacerlo con barro o con cemento.

Qué importa esconder la mano
si nunca hubo piedra.
Qué importa sacar el brazo
si la ventana es de arena.

Qué importa si no escribo,
si no voy a conseguir estar tranquilo.
Qué importa vivir lento
si no sé valorar el momento.

Qué importa el amor propio,
qué importa el género, el ser sincero;
si no tienes a nadie que te diga
«hoy es 6 de enero».

Qué importa desobedecer la norma

si mañana va a salir otra vez el sol,
qué importa vivir enamorado todo el tiempo,
qué importa que desaparezca la educación.

Qué importa.
No entiendo de manifiestos ni de métricas,
yo soy un poeta y lo demás no me importa.

JAMÓN, JAMÓN

Bocata de calamares, como los tóxicos,
cuánto más lejos, jamón.
Si escuchas «en lo bueno y en lo malo, en la salud y en la
enfermedad»,
cuánto más lejos, jamón.
Libros de autoayuda escritos por millonarios que vacían pa-
racaídas y botellas para llenar su vacío,
cuanto más lejos, jamón.
Los recuentos de diciembre, las promesas de enero, por favor,
cuánto más lejos, jamón.

Las trampas del deseo, el carnet del impostor, los llenos ca-
lendarios,
cuánto más lejos, jamón.
Las resacas de daños, el nunca, el siempre, el Tiktok,
cuánto más lejos, jamón.
La idiota excusa, el pesado por la falta de inspiración, una
banal conversación,
cuánto más lejos, jamón.
El que se fía de los mensajes de las galletitas de la suerte, los
mensajes de las galletitas de la suerte, las galletitas de la suerte…,
cuánto más lejos, jamón.

Los médicos fachas,
los comunistas carceleros,
los puteros sepultureros,
cuánto más lejos, jamón.

QUÉ TENDRÁ EL VERANO

Qué tendrá el verano que da tiempo a todo.

A besarse, a quererse, a pegarse, a danzar, a enamorarse, a sufrir, a vivir, a despegarse, a embarazarse, a relajarse, a respirar, a bañarse, a dormir, a trabajarse, a volverte a enamorar, a fallar, a volar, a viajar, a amar, a cambiar, a resucitar, a volver a querer, olvidarse, a quererse, a comer, a aprender, a escribir, a equivocarse, a abrazar, a reencontrarse, a caminar, a perderse, a bailar, a leer, a leerse, a no leer, a no leerse, a hablar, hablar mucho, a cantar, a jugar, a reír, a regalar, a sembrar, a nacer, a enamorarse, a desprender, a llover, a enfadarse, a mentir, a reñir, a gritarse, a perdonarse, a pasar, a liberar, a correr, a desear, a soñar, a decidir, a perderse, a presumir, a subirse, a pedir, a ayudar, a trotar, a cabalgar, a superar, a saltar, a silbar, a oír, a omitir, a soportar, a sumar, a romper, a reconocer, a saber, a ser, a llorar, a luchar, a gemir, a follar, a besar, a gemir, a follar, a besar, a besar, a expresar, agradecer, a conectar, a desobedecer, a conocer, a lavar, a beber, a cocinar, a salir, a prohibir, a suspender, a satisfacer, a rehacer, a comprar, a gastar, a vender, a ganar, a perder, a tomar, a beber, a vivir, a conducir, a aterrizar a enfermar, a estudiar, a oler, a degustar, a saborear, a probar, a escuchar, a lamer, a sonreír, a parir, a superar, a sentir, a barrer, a limpiar, a buscar, a actuar, a caerse, al levantarse,

a torear, a burlar, a pintar, a borrar, aburrirse, a plantar,
a regar, brindar, divertirse, construir, tocarse, a callarse,
sudar, desnudarse, crear, empujar, a cantar, a vivir.

Qué tendrá el verano que da tiempo a todo menos a morir,
por lo menos, a algunos.

BESORÍA

Puedes dormir en mi vida cuando quieras,
me haré el monárquico con orgullo.
Lavaré con ansia tus yemas,
romanticismo absurdo, para ser un poco tuyo.

Tremendos amores líquidos,
cero litros de melancolía.
Toda mi ropa ayer a ti olía,
y volví como un yonki a la besoría.

Tu olor afilado, mi perfume lo estropea,
tu injusticia me da la mano,
tu bandera calavera ya flamea,
a finales de agosto, a finales del verano.

A principios del otoño, a finales de septiembre,
aniversario cada día más latente,
más oculto, más enfermo,
con toques de azules y de blancos inviernos.

Los enanos de cabeza fuerte me gritan,
vivos, eufóricos, brindando, dos puntos.
«Un año más es un año menos».

HAY MUJERES

HAY MUJERES CAÑÓN EN BARCOS DE CRISTAL,
HAY MUJERES INTELIGENTES SIN HABLAR EN
UN ALTAR,
HAY MUJERES QUE HUELEN EL MAL,
HAY MUJERES QUE BESAN PARA ENCERRAR.

HAY MUJERES QUE SE ARRASTRAN EN ÉPOCAS
DE CLÍMAX,
HAY MUJERES QUE LLORAN A SU SOLEDAD,
HAY MUJERES QUE MIENTEN A LOS OJOS,
HAY MUJERES DESNUDAS CORRIENDO EN UN
DESVÁN.

(HAY MUJERES EN LA CALLE, PORQUE QUIEREN
Y YA).

HAY MUJERES CON SUERTE,
HAY MUJERES DEMENTES,
HAY MUJERES CON ARTE,
HAY MUJERES QUE PIENSAN QUE SOY UN COBARDE.

HAY MUJERES ENEATIPO SIETE,
HAY MUJERES QUE SE PIENSAN INFERIOR,
HAY MUJERES EN EL TENDIDO SIETE,
HAY MUJERES QUE CUANDO NO ES NO, NO ES NO.

HAY MUJERES EN MADRID MADRILEÑAS,
HAY MUJERES SIN ARTE GADITANAS,
HAY MUJERES VEGANAS GALLEGAS,
HAY MUJERES SIN PENDIENTES CATALANAS.

HAY MUJERONAS DEL ATLETI,
HAY MUJERES MALHABLADAS CASTELLANAS,
HAY MUJERES MALAS MONJAS,
HAY MUJERES QUE SON SAGRADAS.

HAY MUJERES PÁJAROS,
HAY MUJERES PERRAS,
HAY MUJERES GATOS,
HAY MUJERES HIENAS.

HAY MUJERES VASCAS GITANAS,
HAY MUJERES DE DENTRO A FUERA,
HAY MUJERES DIOSAS ATEAS,
HAY MUJERES RAMERAS.

HAY MUJERES DE PALABRA,
HAY MUJERES CON MUCHA MEMORIA,
HAY MUJERES DE ABRACADABRA,
HAY MUJERES CON HISTORIA.

HAY MUJERES CON MENSAJERO,
HAY MUJERES CON TORPEZA,
HAY MUJERES PAMELA, CON SOMBRERO,
HAY MUJERES FELICES CON TRISTEZA.

HAY MUJERES QUE DAN RISA,
HAY MUJERES CON VALOR, SIN EXCEPCIONES,
HAY MUJERES CON MUCHA PRISA,
HAY MUJERES LADRONAS.

HAY MUJERES PICASSO,
HAY MUJERES DE PADRE MARINERO,
HAY MUJERES GARCILASO,
HAY MUJERES CASADAS CON LOS MONTERO.

HAY MUJERES SOBRADAS DE OSADÍA,
HAY MUJERES FLORES,
HAY MUJERES LLAMADAS DOLORES,
HAY UNA MUJER QUE SE LLAMA «MÍA».

HAY MUJERES QUE VIVEN EN UN TEATRO,
HAY MUJERES DE VERTE Y NO VERTE,
HAY MUJERES QUE APRUEBAN CON UN 4,
HAY MUJERES CON MALA MUERTE.

HAY MUJERES SIN LUTO NI PENA,
HAY MUJERES CON CRESPONES,
HAY MUJERES CON RAMAS DE AZUCENA,
MUJERES CON ESTRELLAS EN SUS HABITACIONES.

HAY MUJERES CON PEQUEÑOS LUJOS,
HAY MUJERES CON GRAN INGENIO,
HAY MUJERES CON HOMBRES BRUJOS,
HAY MUJERES DEL CUARTO MILENIO.

HAY MUJERES QUE SUENAN A MAR,
HAY MUJERES QUE NO MIRAN POR DOLOR,
HAY MUJERES QUE SUEÑAN QUE QUIEREN VOLAR,
HAY MUJERES POR DINERO Y OTRAS MUCHAS
POR AMOR.

HAY MUJERES QUE LES SALE LA MÚSICA DEL PELO,
HAY MUJERES VIENTO, TIERRA, MAR,
HAY MUJERES MUSEOS EN CELO,
HAY MUJERES COHETE QUE NO PUEDEN
DESPEGAR.

HAY MUJERES ENVUELTAS EN PAPEL REGALO,
HAY MUJERES NOCTURNAS,
HAY MUJERES QUE NO PIERDEN LA RAZÓN,
HAY MUJERES OBSESIVAS CON VIVIR SIN BESAR
EN LAS PRIMAVERAS.

HAY MUJERES QUE AMAN AL LADRÓN.

GOMA

AGRADECIMIENTOS

73

A mi amigo Dani por dedicarme tu tiempo y arte en estas maravillosas ilustraciones, gracias.

Y gracias a todas mis personas.

www.ingramcontent.com/pod-product-compliance
Lightning Source LLC
LaVergne TN
LVHW051507180726
843512LV00006B/692